# Sternenkind

CONNY CERNIK

# Poesie

# IMPRESSUM:

*Bibliografische Information der Deutschen Nationalbibliothek:*
*Die Deutsche Nationalbibliothek verzeichnet diese Publikation in der Deutschen Nationalbibliografie; detaillierte bibliografische Daten sind im Internet über http://dnb.dnb.de abrufbar.*

Erstauflage
© 2018 Cernik Cornelia
*Neuauflage*
© 2021 Cernik Cornelia

*Herstellung und Verlag: BoD – Books on Demand, Norderstedt*

*ISBN: 978-3-__7460-2414-1__*

Conny Cernik

# STERNENKIND

Für
all den
Seelenadel

# STERNENKIND

Conny Cernik

# STERNENKIND

I

# SYNÄSTHESIE

Ich träume in Lavendelblau,
ich liebe in Sonnenaufgangslila.
Meine Tränen, gesammelt im Blumentau,
mein Lachen, verflochten im Flieder.

Ich singe in Löwenzahngelb,
ich verführe in Herzblutrot.
Meine Trauer, vergilbt im Herbstlaub,
meine Gedanken, hoch wie ein Flugzeugpilot.

Ich atme in Sommerteichgrün,
ich lebe in Libellentürkis.
Meine Romanzen, verweht im Gezeitenwind,
mein Ruf, berüchtigt wie Paris.

Ich küsse in Lagerfeuerorange,
ich lächle in Mittelmeernavy.
Meine Geheimnisse, verloren im Wolkenmeer,
meine Augen, neu wie die eines Babys.

II

# ARTVERWANDT

Gib mir deine Hand,
deine Venen, wie Straßen,
die zum Herzen führen.

Ich geh sie entlang,
in meinen Bikerboots,
um dein Ich zu finden.

Fahr sie entlang,
in meinem alten Mustang,
ich kenn den Weg,
denn wir sind artverwandt.

Gib mir deine Hand,
deine Venen, wie Flüsse,
die zum Herzen fließen.

Ich schwimm sie entlang,
wie ein astronomischer Trabant,
du bist mein Himmelskörper
und wir sind artverwandt.

III

# DIE BÜCHSE DER PANDORA

Der Teufel
hat uns die
schmerzhafteste
Krankheit gesandt
und wir Menschen
haben sie „Liebe" genannt.

IV

## Homo *sapiens sapiens*

Vieles war notiert in deinen Augen
von der Tragik Mensch zu sein.

Manches konnt ich nicht mehr lesen,
manches war tiefgründig,
manches recht vage.

Und es gibt so viele Dinge
die ich vermisse,
aus dem Leben,
das ich nie gelebt habe.

Momente, die wir nur träumten,
ummanteln sich mit Nostalgie.

Auditiv ist die Kunst der Verführung,
taktil war sie nie.

Das Ungesagte graben sie nun
mit deiner Seele ein
und fortan erzählen meine Augen
von der Tragik Mensch zu sein.

V

## ICD-10-I42

Gebrochene Herzen
brechen andere Herzen.
Ein Teufelskreis exponentiell
wachsender Schmerzen.

Ich dachte, ich wäre links abgebogen,
hätte mich dieser Schleife entzogen.
Bis ich in deine Augen sah
und mein Herz erneut gebrochen war.

VI

## MEMENTO MORI

Momente vergehen,
und letztendlich ist es tragisch schön,
dass wir in Momenten leben
und in Momenten wieder verwesen.

## VII

# SATYRSPIEL

Die Götter,
oh wie sie über mich lachen.
Ich hab die Komik des Lebens
wohl noch immer nicht ganz verstanden.

Den Jazzrhythmus des Daseins
wohl noch immer nicht ganz verinnerlicht.
Die heitere Traurigkeit,
schwingend im Neonlicht.

Und ich denk immer noch an dich,
viel öfter als nicht.

VIII

## ACTIO / REACTIO

Bring mir Lavendelblüten
und ich kann träumen.

Zeig mir den Sternenhimmel
und ich kann fliegen.

Erläutere mir Wissenschaften
und ich kann wachsen.

Forciere meinen Seelenfrieden
und ich kann lieben.

IX

## SÄKULUM

Und waren einst Sommer
Wundern gleich,
ist nun längst verblichen
dein Wunderreich.

Die Wüste der Zeit
trocknet uns aus,
die letzte Oase
war dein Zuhaus.

Zwischendurch sterben wir mal,
noch während wir leben.
Du bist wohl zu weit gegangen,
weit abseits den Nebenwegen.

Ich seh dich immer kleiner werden,
weltverloren und unvermisst.
Zeitalter später erinnere ich mich.
Ach, wie gern hätt ich dich damals geküsst.

X

# NEOPREN

Er hatte ein Herz aus Neopren.

Abweisend,
isoliert.

Chronisch
sediert.

Tränenfest,
emotionsbeständig.

Fast
lebendig.

Erst bei der Obduktion gesehen.

Das Herz aus Neopren.

XI

## BOHÈME

Die Liebe ist frei,
wie ein Blumenkind.

Versklavt bloß jene,
die ihr verfallen sind.

XII

## HALBDUNKEL

Lachen können
wir gemeinsam,
doch Herzen brechen
immer einsam.

XIII

# ROSENBÄDER

Als Teenager sehnlichst gewünscht,
eine Badewanne für mich alleine.
So eine wie von Brigitte Bardot,
weiß auf vier goldenen Beinen.

Zu Gedichten würd ich weinen,
in Schwermut, Schaum und Rosenblätter gehüllt.
Purpurne Gedanken würden keimen,
die Luft von Blütenduft erfüllt.

Rote Lingerie würd ich kaufen,
spitzenbesetzt von Agent Provocateur.
Romanzen würden zu Karamell zerlaufen
in der Melange von Mandelseife und Likör.

Als Teenager wusste ich alles,
heut weiß ich gar nichts mehr.
Die Rosenbäder eingetauscht gegen
Gedankengewitter im Badebombenmeer.

XIV

# EINZELKÄMPFER

Oft regnet es für mich,
obwohl die Sonne scheint.
Oft lache ich am Tag
und hab die Nacht davor geweint.

Manche Krieger tragen keine Rüstung,
haben kein Gewehr.
Manche Wunden sind unsichtbar,
doch schmerzen umso mehr.

XV

## HEIMLEUCHTEN

Ich hoffe wir sehen uns wieder,
in meinen Träumen vielleicht,
unter dem schwarzen Flieder.

Ich hoffe du kommst gut nach Hause
und genießt deine wohlverdiente
Menschenpause.

Ich hoffe, wie in Peter Pan,
leuchten die Sterne dir den Pfad,
denn dein Heim ist jetzt das ganze Universum
und nicht bloß dieses Grab.

Ich hoffe du weißt, wie gern ich dich gehabt hab,
und dass es für mich nie einen wundervolleren
Menschen auf dieser Welt gegeben hat.

XVI

## SEELENLEBEN

Du bist nie wirklich alleine,
deine Dämonen begleiten dich.
Sicherlich. Auf Schritt und Tritt.

Manchmal sind sie klitzeklein,
manchmal überschatten sie dich.

Ich hoffe
du wirst dir selbst
mehrmals begegnen,
auf all deinen
abenteuerlichen
Wegen,
in deinem
wundervollen Leben.

Mutter Natur,
die weder Gutes noch
Schlechtes misst,
erkannte schnell
was Böses ist,
durch des Menschen
Genesis.

# XVII

## EWIGKEITENWANDERER

Dreitausend Sterne hab ich bis jetzt gezählt.
Manches hab ich bereits vergessen
von dieser Erdenwelt,
manches verloren in mir selbst.

Fünf Meere habe ich geweint,
zwei Seelen in meiner Brust vereint,
kultivierte Ängste aus meinem
Blutkreislauf befreit.

Elf Leben habe ich gelebt,
weite Wälder gepflanzt und gehegt,
oft gefragt,
weshalb ein Gefühl so schnell verweht.

Wie viele Herzen hab ich wohl gebrochen?
Wie viele Jahre fühlten sich an wie Wochen?
Mit wie vielen Menschen hab ich nie wirklich
über Bedeutendes gesprochen?

XVIII

## AMYGDALA

Elektrizität entsteht
durch zufällige Berührung.
Die Kunst der Stunde
ist verbale Verführung.

Die Chemie zwischen zwei Menschen
kann man nicht erzeugen,
doch ist sie erst entflammt,
kann man sie nicht leugnen.

Gefühle sind im Kopf entstanden,
von Fantasien genährt,
in die Realität gezerrt.

Und dann,
das schlimmste Gefühl auf Erden,
mit freudiger Erwartung im Herzen
von der Wirklichkeit enttäuscht zu werden.

XIX

## STERNENHIMMEL

Auf meinen weiten Reisen
traf ich einst ein armes Nomadenkind.
Es nahm mich an der Hand,
als es mit mir in die dunkle Wüstennacht ging.

Dort zeigte es mir
den ewigen Himmel
und all die schimmernden Sterne,
die glitzernde Wunderwelt der Ferne.

Es lächelte,
als ich begriff,
das Kind besaß absolut nichts,
und hatte dennoch mehr als ich.

XX

## JAMMERSCHADE

Sind deine Geliebten nicht alle,
und korrigiere, wenn ich irre,
lediglich Monde des Jupiters,
bloß Saturns Ringe?

Und suchst du nicht nur
einen vorbeiziehenden Kometen,
einen Asteroidenschwarm,
einen weit entfernten Planeten?

Oder gar die Sonne selbst,
um mit ihr anzugeben?

XXI

# BLUTSTROM

All meine Pathologien,
meine Fantasien.
Ich bin weit entfernt von autonom,
die Zukunft ist bereits codiert,
kopiert und gesichert in meinem Genom.

Die Selbstzweifel meiner Mütter,
das Fernweh meiner Väter,
konserviert in meiner Blutbahn,
nicht verloren im Äther.

Ein Echo der Schreie
aus vergessener Vergangenheit,
ein Stückchen genetische Ewigkeit.

Das mag romantisch klingen,
doch ich wäre gern mehr,
als meine Vorfahren waren,
naive Sternenbeseher.

Ich wäre gern glücklich,
ich wäre gern klug.
Und ich kämpfe täglich aufs Neue
gegen den genetischen Fluch.

XXII

## ZYANIN

Ach du
und deine blauen Augen.
Könnt ich nur lügen
in meinen Atempausen

und sagen,
dass du mir nicht gefällst,
dass du bloß irgendjemand bist
auf dieser Welt.

XXIII

## INTERSTELLAR

Um ein Leben auf diesem Planeten
hab ich nie gebeten.

Und hätte man mich gefragt,
hätt ich gesagt,
ich will schweben
zwischen Sternen und Kometen.

Doch dann seh ich dein Lächeln,
diese duftenden Blumen,
unendliche Neugier.

Und ich denk mir,
es ist doch meist ganz niedlich hier.

XXIV

# WIMPERNSCHLAG

Das Leben ist
doch bloß ein Wimpernschlag.

Kaum lang genug
um dir zu sagen, dass
ich dich wirklich ehrlich mag.

Wenn dein
Menschenakku
leer ist,
dann misch dich
unter Bäume,
sie schenken dir
neue Energie
und farbenfrohe
Tagträume.

Wenn du liebst,
dann liebe frei,
denn Menschen
gedeihen besser
in der Wildnis,
als in der Sklaverei.

XXV

## SÜDWIND

Du gehst an mir vorbei
und riechst nach Südwind.

Ich find uns in Lagunen wieder,
in stürmischen Wellen, singend,
hawaiianische Lieder.

Unsere Hände berühren sich,
unabsichtlich,
und es duftet nach Südwind.

Die tropischen Träume,
die sie spielen,
die Gedanken,
wenn sich Erdenmenschen verlieben.

Du gehst an mir vorbei
und es duftet nach Südwind.

Du gehst an mir vorbei.

XXVI

# OPULENZ

Auch in Armutszeiten
kann ich mich nicht beklagen,
ist es doch des Menschen
größter Reichtum
wahre Freunde zu haben.

XXVII

## DYSRHYTHMIE

Ich hatte Dinge in meinem Kopf,
unter meinem Mädchenzopf,
die da nicht hingehörten,
die den Rhythmus meines Herzens störten.

# XXVIII

## MASKENBALL

Ich bin nicht du,
du bist nicht ich.
Wie der andere fühlt,
das wissen wir nicht.

Doch die Geheimnisse
demaskieren sich in unseren Augen
und ich möchte, wider besseren Wissens,
so sehr an Wunder glauben.

# XXIX

## KONG-MING

An diesen Augenblicken
hängt der Glanz der Ewigkeit.
Ich habe meine Unsicherheiten
in Kong-Ming Laternen aufgereiht.

All die negativen Stimmen,
die nur Unheil bringen.
All die angelernten Zwänge,
selbstinduzierte Ängste.

In der Dunkelheit
schließ ich mit ihnen ab,
lass sie fliegen.

Doch eine behalt ich mir,
dein Name steht auf ihrem Papier.

Denn ich weiß,
sie kann erst fliegen,
wenn ich aufhöre dich zu hassen
und aufhöre dich zu lieben.

XXX

# MAGNETISMUS

Die Wahrheit blitzt
zwischen dem Sternenlicht.

Manche meinen zu sehen,
was andere gar nicht sind.

Intelligenz ist ein Magnet,
Schönheit verweht im Wind.

Und fortan
erzählen
meine Augen
von der Tragik
Mensch zu sein...

XXXI

# KORROSIONSPRODUKT

Rostige Jahre,
ich erinnere mich,
an Feuerwerk,
an Wunderkerzen.

An Tage,
vergoldet,
mit Luftschlössern
in meinem Herzen.

XXXII

# NEGATIVE DIFFERENZ

Liebe ist sterblich,
oxidiert.

So wandelbar,
maximiert.

Repliziert,
eskaliert.

Begraben einst,
und neu geboren.

Gefunden, fast,
dann doch verloren.

XXXIII

# KIRSCHBLÜTENWEHMUT

Der Regen fällt so schön
an diesem Sommerabend,
ich wünschte in dem flüssigen
Sonnenuntergang zu verschwinden,

erstickend in dem Vakuum
seltsamer Gefühle,
für die sich auf dieser Welt
noch keine Worte finden.

# XXXIV

## WANDERVOLK

Wollen wir wetten,
dass Kriege nicht am Schlachtfeld,
sondern im Inneren
eines Menschen anbrechen.

Ist es bekannt,
dass die gegenwärtige Liebe in der
evolutionären Vergangenheit
entstand?

Wir sitzen auf den Dächern der Moderne,
die Sonne fällt vor unseren Augen,
wir sprechen über wilde Dinge,
die uns den Atem rauben.

Unser Zeitgeist
ist weit gereist,
vom Präkambrium bis
in die jüngste Vergangenheit.

Wir sitzen auf den Dächern der Moderne,
und reisen in unseren mentalen Schiffen
in die Variabilität
der Ferne.

XXXV

## EREMITAGE

Manchmal ist
der einsamste Platz der Welt,
die Liebe, in die man fällt.

XXXVI

# LASTENTRÄGER

Straßenirrläufe und Wunderwälder.
Lasst mich fliehen von dieser Welt,
die ich geschaffen,
mit den Waffen,
die der Mensch zum Menschsein zählt.

Was Schönheit ist,
per Definition,
sehe ich mit meinen Augen nur,
nicht mit dem Lexikon,
fühl' ich in mir selbst,
als Wärme, als Bewunderung.

Was Freiheit ist,
kann mir keiner sagen.
Nur ich selbst weiß um die Schwere der Last,
die mir meine Vorfahren gaben,
um sie durch die Zeit zu tragen.

Doch ich verlasse diesen Pfad
und verschenk die Last
an einen vergangenen Tag.

XXXVII

# INFEKTIOLOGIE

Romantische Liebe schwirrt in der Luft,
wie ein humanpathogener Virus.

Kein Antibiotikum kann sie heilen,
denn romantische Liebe
ist kein Bakterium,
sie lebt nicht.

Oftmals repliziert sie sich
und die Erkrankten leiden ewig.

## XXXVIII

# AMOR FATI

Konspirative Konstellation,
astrologische Fiktion.

Rummelplatz,
Zukunftsschatz.
Kartenlegen,
Handinnenflächen lesen.

Und auch,
wenn es in den Sternen steht,
ich wollte niemals,
dass du gehst.

## XXXIX

# KOPFHÖRER

Dumpfes Gebrüll
im Städtemüll.
Doch ich höre sie nicht,
ich höre sie nie,
das Proletariat,
die Bourgeoisie,
ersetzt durch Beethovens Symphonie.

Für Elise, Rock'n'Roll,
Kopfhörer auf, Cruise Control.

Doch manchmal, still und leise,
lausche ich, auf meine Weise,
der Straßen Chöre.

Mit Kopfhörern auf,
sicherlich,
denn die Welt soll nicht
wissen, dass ich sie höre.

## XL

# SIRENENGESANG

Meine Mutter
war eine Meerjungfrau,
mein Vater war ein Seemann.

Ich bin ein Meereskind,
folgend dem Sirenengesang.

Und die Winde der Wellen,
sie rufen mich,
unendlich,
rufen mich zu sich zurück.

XLI

## VISUELLE ILLUSION

Ich habe Schönheit gesehen,
in Menschen, die man hässlich nannte.
Und ich habe den Teufel gesehen,
der aus engelsgleichen Gesichtern strahlte.

## XLII

# MANGELERKRANKUNG

Julisonne nährt mich,
Umarmungen und Violinen.

Ich supplementiere mit Wanderrouten
und alten Burgruinen.

Trinke Melancholie als Tee,
rühre dunkle Wälder in meinen Kaffee.

Ein Cocktail gemischt aus Lyrik und Lagerfeuer,
eine Infusion Abenteuer.

Kandierte Sonnenaufgänge,
überzuckerte Abendmagie.

Nährstoffe variieren,
von Tryptophan bis Nostalgie.

XLIII

# NACHTHIMMELSLEUCHTEN

Sonnenstrahlen
verfangen sich
in meinen Haaren.

Doch tief
in meinem Innern
bin ich doch eines
von diesen Sternenkindern.

Conny Cernik

Ich bin ein
einsamer Wanderer,
doch ich hab mich
nicht verlaufen,
weder innen,
noch außen.
Ich fühlte die Welt
der Menschen sich
von meiner entfernen,
so bin ich,
ewiglich,
ein Eremit unter
den Sternen.

Reisen wäscht
den Staub des Alltags
von unseren
getrübten Augen
ab.

XLIV

## GEDANKENFOLGE

Morgen sind wir
unsere gegenwärtigen Gedanken.

Zukunftsokkupanten,
Fatalismusmusikanten.

Morgen sind wir,
was wir heute denken.

Schiffskapitäne,
die Schicksalsstürme lenken.

XLV

## SOLIVAGANT

In meinem Einmannzelt
bummle ich durch diese Welt,
denn Wahrheit finde ich bloß
auf jenem Weg,
den niemand mit mir geht.

XLVI

## LIVERMORIUM

Dopamin, Serotonin,
Oxytocin und Neurotrophine
treiben ihre Spiele,

und lassen mich erneut vergessen
wie kurz sie ist, eigentlich,
die Halbwertszeit der Liebe.

XLVII

## GEDANKENGÄRTNEREI

Manche Menschen sind fremdstämmig,
sie erleben sich durch Träume
und pflanzen auf der ganzen Welt
ihre Gedankenbäume.

## XLVIII

# YONI

Die Wiege der Menschheit.
Die göttliche Identität.

Wann ging der Sinn für Spiritualität,
die weibliche Urkraft, verloren?

Haben doch die Frauen dieser Welt
alle Menschengenerationen geboren.

XLIX

# GÖTTERDÄMMERUNG

Meine unsterbliche Liebe.

Antik.
Berüchtigt.
Royal.

Sterbend.
Glanzvoll.
Ewig.

Venedig.

L

## AMOR & PSYCHE

Ein Kämpfer und ein Denker,
zwei okkulte Herzen
auf einer Odyssee der Schmerzen.

Geboren in ewige Melancholie,
Zielscheibe der Götter Flüche.

Der Chor verstummt,
der Teufel summt
ein Lied über uns,
Amor und Psyche.

LI

## HÖHENFLUG

Halt den Kopf nicht so gesenkt,
schau mal in die Höh'.
Perspektiven muss man sich schaffen,
die Welt von oben bis unten betrachten.

Öfters mit den Augen lachen,
nicht nur planen, auch mal machen.

Dreh dich doch ‚rum
um den Planeten,
um zu verstehen,
weshalb wir leben.

LII

## NONVERBAL

Du warst mir niemals egal,
ich hab dich immer gemocht.
Nur eben nonverbal.
Nur eben leise.
Zwischen dem Physischen,
auf meine Weise.

LIII

## SONNENVERBRANNT

Mal ist es mucksmäuschenstill,
mal unerträglich laut.

Das Leben selbst schreibt Meisterstücke
auf meine sonnenverbrannte Haut.

In allen Momenten meines Daseins
werde ich mich völlig verlieren,

und erlaube jedem Stern in
meinem Herzen zu explodieren.

LIV

## BLUTMOND

Was erblüht aus Herzeleid,
sei ein Stück geheiligtes Gut.
Findet doch jeder,
der nächstens im Rosengarten wandelte,
an seinen Händen frisches Blut.

LV

## EINSAMKEIT N°7

Allein zu sein,
ein schöner Zwang.

Doch,
hab ich nicht Liebe gepflanzt?
Hab ich nicht Wolken getanzt?

LVI

## AXIOM

„Gib mir Hoffnung und ich warte,
Monate, auch Jahre."

Bis ich begriff,
dass es Hoffnung ist,
das schleichende Gift,
das mich zerfrisst.

„Gib mir Wahrheit und ich verschwinde,
dankend, in alle Richtungswinde."

LVII

## MENSCHENGESCHWISTER

Vergleich dich nicht.
Hat dir noch niemand gesagt,
dass du als Mensch gut genug bist,
wenn du versuchst,
dich stetig zu bessern.

Freundlichkeit
ist im Lachen
und in der Zufriedenheit,
in der Liebe zu deinen
Brüdern und Schwestern.

LVIII

# GALAXIEGEDICHT

Kannst du sie fühlen,
die Umarmungen,
tief umschlungen,
in der Mitternacht?

Gedankenfehler,
ich dachte wir wären
füreinander gemacht.

Mea culpa,
oder doch eine kosmische Irrung?
Fehlgeleitete Energie,
eine Meteoritenkollision.

Kannst du sie träumen,
die Momente,
die zu Erinnerungen werden?
Die Liebe, die wir verloren,
absorbiert von den hellsten Sternen.

So bleibt was war, was doch nicht ist,
am Himmelszelt,
auf ewig strahlend,
ein Galaxiegedicht,
eine Liebeswelt.

LIX

## FATA MORGANA

Das Mädchen,
das niemand kannte.

Das Mädchen,
das niemals lebte.

Ein Flüstern in der Stille,
ein Schatten in der Dunkelheit.

Evozierte Katharsis,
ein Echo in der Ewigkeit.

Romantische Liebe
ist bloß
ein Euphemismus
für Schmerz.

Unerwiderte Liebe
bohrt sich wie
Amors Pfeil
auf ewig
in dein Herz.

Eines Tages
werden wir uns
erneut begegnen,
unter fremden Sonnen
eines weit entfernten
Exoplaneten.
Und wir werden
uns erkennen,
wie naiv wir
früher waren,
vor all den vielen
Jahren,
die Natur zu zerstören,
statt ihr Heiligtum zu
wahren.

LX

# ENERGIEERHALTUNG

Gelehrt hat mans mich,
das erste Gesetz der Thermodynamik.

„Energie bleibt erhalten,
geht nicht verloren,
war immer schon da",
sagten die Professoren.

Also bin ich unendlich,
in allem zu finden,
meine Gedanken im Regenwald,
meine Traurigkeit in kosmischen Winden.

Alles, was war, ist nie wirklich weg,
denn wir bleiben stets,
was wir nie wirklich sind.
Gewandelte Wegefinder,
unsterbliche Sternenkinder.

LXI

## ZUKUNFTSMUSIK

Die Menschheit ist
recht sonderbar,
zerstört die Natur
und erbaut Wolkenkratzer.

Beton ist nun
des Menschen Biotop,
all die Schönheit des Planeten,
heute fast vergangen,
morgen schon tot.

## LXII

# METAMORPHOSE

So fließt der Winter
in meine Venen
und Sommer erblüht
in meinem Herzen.

Aprilregen vermischt sich
mit meinen Tränen,
Junimonde erhellen mein Gemüt,
gleich tausenden Vanilleduftkerzen.

Wie die Bäume wandle ich
durch vergängliche Ewigkeiten,
verwebe meinen Lebensfaden
in das Spektakulum der Jahreszeiten.

LXIII

# DAS LACHEN DES HERZENS

Manche Augen sind voller Sprache,
manche sind völlig leer.
Manche Herzen schlagen im Takt,
manche tanzen ringsumher.

Sage mir, dass es wohl
einen Unterschied macht,
ob du jemanden küsst, der lächelt,
oder jemanden küsst, der lacht.

Verschneite Winter
erfreuen sich stets an Sonnenschein.
Lass das Lachen deines Herzens
jemandes Sommerwärme sein.

## LXIV

# CASUS BELLI

Die Kriege, die wir führen,
sie sind längst schon gewonnen.

Für Ignoranz sind wir bekannt,
die göttergleichen Berufssoldaten
unter den tausend
Sonnen.

Die Kriege, die wir führen,
bestreiten wir mit uns selbst.

Fortwährend kämpfend
verwehrt sich uns
die Schönheit dieser Welt.

LXV

## NEUROCHEMIE

Amor kommt mir einsam vor
in seinem fernen Chemielabor.

Die Spitzen geschnitzt,
umhüllt mit Liebesgift,
ein wenig Oxytocin,
eine Prise Adrenalin.

Isoliert und zurückgezogen,
bewaffnet mit Pfeil und Bogen.

Amor wird uns bis zum Tode verfolgen.
Die Mehrzahl seiner Pfeile sind hölzern,
doch ein paar wenige sind golden.

Mag sich mein Licht,
Jahr für Jahr,
aus dieser Welt
entfernen,
so weine nicht,
denn ich kehre
zurück,
nach Hause,
zu den Sternen.

Erst nach
vielen Jahren,
nach hundert
innerlichen Kriegen,
hab ich erkannt,
wer ich wirklich bin,
und begonnen
diesen Menschen
zu lieben.

LXVI

## SOMNILOQUIE

All das Erträumte,
das wir niemals hatten,
wie sehr es mir am Herzen lag.

Viel mehr noch,
als all das Wahre,
das es tatsächlich
gegeben hat.

# LXVII

## STERNENFRIEDHOF

Sieh hinauf,
in die Ferne,
was du erblickst,
ein Friedhof der Sterne.

Licht auf der Reise,
das längst erloschen ist,
erhellt deine Sorgen
und ist doch längst verstorben.

So erhellen auch die Toten
deine Einsamkeit,
aus verflossenen Zeiten,
längst vergangen, doch Energien wandern.

## LXVIII

# FLASCHENPOST

Ich frag mich,
gefiele es dir auch so sehr,
wenn du strahlend,
lachend, in der Sonne glänzen
würdest,
in der Ebbe und der Flut,
im ägäischen Meer.

Die Lichtdiamanten,
die auf der Wasseroberfläche
tanzen,
Farbschauspiele,
Heimatgefühle,
zwischen Horizontromanzen.

Die alten Götter,
die junge Liebe.
Der Irrweg des Schicksals,
der auf eine Nachricht hofft.

Ich lass es dich wissen,
sollt ich dich vermissen,
in der ewig treibenden Flaschenpost.

LXIX

# ECHO

Goldene Bilder,
Löwenkinder,
Rom in seiner glorreichsten Zeit.

Götterkinder
Götzenbilder,
gelangweilt von Sterblichkeit.

Rufe aus der Ewigkeit.

Schreiend.
Sterbend.
Vergänglich.

Solange wir lieben,
sind wir lebendig.

Solange wir lieben,
sind wir unendlich.

## LXX

# HVAR

Das Fernweh zieht an meinen Haaren,
nimmt mich an der Hand,
reißt meine Gedanken hinfort.

Schon als kleines Kind
hatte ich stets Heimweh
nach einem fernen Ort.

Ich war noch niemals dort,
hab ihn nur auf alten Bildern gesehen,
dieses adriatische Fischerdorf,
in welchem meine Vorfahren lebten.

Eines Tages,
kehr ich dorthin zurück,
wo meine Liebe zur See herkam,
und blicke mit Fernweh,
Hand in Hand,
in den dalmatinischen Sonnenuntergang.

LXXI

## MORGENSTERN

Ich steh neben dir,
doch wir sind uns so fern,
ich bin die Abendsonne
und du der Morgenstern.

Wir leben in viel zu
unterschiedlichen Sphären,
trotzdem hab ich dich auf ewig gern,
doch ich bin die Abendsonne
und du der Morgenstern.

## LXXII

# ERFAHRUNGSSCHATZ

Vieles habe ich gelernt,
doch manches lehrte mich
die Schule nicht.

Welche universelle Sprache man
auf dieser Welt spricht.

Wie leuchten die Sterne
in der metaphysischen Finsternis?

Wo ist es vergraben,
das Lebensgeheimnis?

Ist meine Heimat mein Zuhaus,
oder doch eher nicht?

Also bin ich losgegangen,
gewandert auf Erfahrungen,
um zu verstehen,
dass manche Fragen fortbestehen.

Doch eines konnt' ich
mir beantworten,
die Weisheit versteckt sich im Abenteuer,
im Unbekannten.

LXXIII

## AUTOGNOSIE

Wenn der Morgen keine
Hoffnung mehr birgt

und in den Nächten
die letzte Sternschnuppe stirbt,

dann finde mich wartend
am Ende der gefallenen
Dominosteine,

und wenn deine Augen
dich nicht mehr erkennen,

dann entdeck dich selbst
durch meine.

## LXXIV

# SKINNY LOVE

In peripheren Blicken
knüpfen wir Romanzen,
die zu imaginären
Orchestern tanzen.

Die Empfindungen
kreisen auf der Zunge,
wie ein Liebesgedicht,
doch wir kommunizieren sie nicht.

Die elektrisierende Stille,
die Gefühlsgewitter
vor dem ersten Kuss.

All das bleibt konserviert auf ewig,
zwischen peripheren Blicken,
denn fürs Träumen ist es zu viel
und fürs Risiko zu wenig.

LXXV

# KRISTALLINE INTELLIGENZ

Schnee fällt in den Gedanken,
und alle Wege sind verschneit.
Kein Geräusch zu hören,
kein Mensch weit und breit.

Schnee fällt in meinen Gedanken,
die Straßen menschenleer.
Keine Sicht in die Ferne,
kein Himmel mehr.

Schnee fällt in den Gedanken,
kristallin und lupenrein.
Könnte mein Verstand nur immer
so wunderbar winterlich sein.

## LXXVI

# IBIZA

Vielleicht bin ich eine Bucht in Ibiza
und du ein Urwald in Myanmar.

Vielleicht war es einfach ein
kosmischer Fehler,
und wir hätten vorbeigehen
sollen, aneinander.

Vielleicht hast du das
ziemlich schnell gecheckt
und ich grüble darüber nach,
bis jetzt.

Vielleicht ist es wirklich okay,
loszulassen, was so wunderbar war,
und zurückzukehren
nach Ibiza.

LXXVII

# WELTFERN

Völker wandern
Völker ertrinken,
ich sitze hier
und weine um einen toten Finken,
der gegen mein Fenster flog,
in seinen Tod.

Macht mich das ignorant,
macht mich das weltfern?
Ist meine Empathie verdreht,
von einem anderen Stern?

Oder macht es mich menschlich,
ehrlich und real,
dass ich nicht weine
über jede Schlagzeile,
über literweise unschuldiges Blut,

sondern um das Zwitschern des Vogels,
der mich täglich weckte
und es nie wieder tut.

# LXXVIII

## MOUNT EVEREST

Ich mag bluten,
ich mag um Atem ringen,
doch es ist essenziell
hohe Berge zu bezwingen.

Gebirge im Menscheninneren,
Achttausender im Himalaja,
je höher ich wandere,
desto wertvoller mein Sanktuar.

Denn von dort oben
hab ich eine bessere Sicht
und kann begreifen,
was hier unten nicht zu verstehen ist.

# LXXIX

## SCHNEEFLOCKE

Die Bäume leuchteten in hundert
verschiedenen Farben,
soviele Narben wird meine Seele wohl tragen.

Der erste Schnee des Jahres,
Weihnachtszeit, ein Weltenaufgang.

"Wünsch dir was,
meine Kleine,
beim ersten Schneefall,
aber sag es leise."

Meine Mama war so voller Hoffnung,
so liebevoll auf ihre Weise.

Ich war bloß ein Kind,
doch hab mir nichts gewünscht,
weil ich ganz genau wusste,
dass die Erfüllungen meiner Wünsche
in mir selbst und nicht in
Schneeflocken zu finden sind.

# LXXX

## DIEBESGUT

Ich denke nicht so wie ich spreche
und wie ich spreche hängt davon ab
mit wem ich kommuniziere.
Komplizierte Magier,
die menschlichen Raubtiere.

Was ich bin ist bloß geklaut,
stibitzt und verstaut
unter meiner temporären Haut.

Eine Bibliothek an Erfahrung,
Empfinden und Wissen,
gestohlen aus Traurigkeiten
und verzückten Augenblicken.

Entrissen aus Schmerz,
getragen vom Herz,
geplündert aus Unsicherheit,
geraubt aus Zweisamkeit.

Ich stehl von allen,
den Guten und den Schurken,
auch von dir,
selbst wenn wir uns lieben.
Keine Ehre unter Dieben.

LXXXI

## ALLTAGSWAHNSINN

Sich zu verlieben ist leicht wie Trigonometrie,
es sich einzugestehen schon schwieriger,
ein bisschen so wie Metaphilosophie.

Und wenn man nicht aufpasst,
einen winzig kleinen Fehler macht,
verschlingt der Alltag
die allzu frische Sympathie,
wirbelt sie umher in passionierter Hysterie
und hinterlässt ihrer statt
bloß blassblaue Nostalgie.

Sich zu verlieben ist leicht wie Kalligraphie,
aus dem Gefühl heraus
etwas zu kreieren war es noch nie.

# LXXXII

## SONNENKLAR

Menschen sind so wie sie sind,
und ich bin nun mal kein Wunderkind.

Aber dafür ein kleiner Wirbelwind,
ein neugieriges Blumenkind.

Ständig im Wandel,
nie wirklich still.

Und auch,
wenn ich nicht alles kann,
kann ich dennoch wirklich viel.

# LXXXIII

## WELTENBUMMLER

Wart auf mich,
wenn du bereit bist zu gehen.

Ich bin einstweilen unterwegs,
mir die große Welt ansehen.

Aber wenn du sagst,
dass du mich magst,
und wir zusammen
wandern sollten,

dann komm ich heim
und hol dich ab,
um das zu leben,

was wir beide
immer wollten.

# LXXXIV

## SCHATTENDASEIN

Die Geräusche der tiefen Nacht,
Himmelskörper, die wie Tischlaternen
am Himmel stehen.

Ich hab längst vergessen wie es ist
in galaxieverfärbte Augen zu sehen.

Der Duft der Dunkelheit,
die Chemie der Mitternacht,

schickt meine Gedanken stets zu dir
und stiehlt von mir erneut den Schlaf.

LXXXV

## LEBENDIGKEIT

Manche macht das Leben süchtig,
manche macht es furchtbar leer.

Manche hoffen es währte ewig,
manche wünschen es wäre nicht mehr.

Den Großteil des Lebens
verstehen wir ohnehin nicht,
doch fühlen ihn dafür umso mehr.

## LXXXVI

## ESELSOHR

Bald beginnt das neue Jahr
und ich mach mein Gedankenbuch auf,
um zu lesen, was einmal war.

Manche Kapitel überflieg ich nur,
manche streich ich an, heb sie empor.
Und auch in deinen kleinen Vers
mach ich ein Eselsohr.

In meinem mentalen Diarium
betreibe ich Vergangenheitsbewältigung.

Jedes neue Jahr bringt mehr Einsicht,
als das Jahr davor,
eine Chance zu deviieren,
zu reversieren, was ich einst verlor.

Und so manches Neujahr,
entferne ich ein gesetztes Eselsohr.

LXXXVII

## ZWISCHENMENSCHLICH

Du bist wie ein schöner Schimmer,
ein fremdsprachiges Gedicht.

Meine Gedanken werden schlimmer,
ich verliebe mich in dein Gesicht.

Aus einem womöglich
wird schnell ein immer

und beim Sprechen
hör ich meine Worte nicht.

LXXXVIII

## LICHTSPIELHAUS

In meinen Gedanken
bin ich zuhaus,
in meinem Kopf,
meinem Lichtspielhaus.

In alten Theatern,
tabakrauchdurchzogenen
Burlesque-Shows,
in vintage Cocktailbars,
im stimmungsvollen Abendrot.

Dort lebe ich,
im ewigen Sonnenuntergang,
dort fühle ich,
was ich nicht fühlen kann.

Und in der Realität,
in all den emotionalen Hohlräumen,
freue ich mich,
welch Glückskind ich eigentlich bin,
dass ich ein Lichtspielhaus hab,
die Fähigkeit zu träumen.

LXXXIX

# METHYLENBLAU

Die Iris ähnelt der Andromedagalaxie,
ein Blick ist das Tor zur Gegenwelt der
Lebewelt, das Spiegelbild der Fantasie.

Dort leben die Menschen,
die sich hier maskieren,
verstellen und verleugnen,
stetig eloxieren.

Auch ich bin dort zu finden,
in einem Wohnwagenpark
neben den silbernen Linden.
Meine Ängste stapeln sich
unter der Decke,
exponentiell wachsend, da ich sie
in der Lebewelt verstecke.

Die Farbe meiner Iris ist ein
verwaschenes Grüngrau,
die Tränen in der Lebewelt
schimmern in gegenweltverfärbtem
Methylenblau.

## XC

# PRIMZAHL

Mein Professor hat einst gesagt:

"Mädchen, sei allein, sei frei.
Leb dein Leben durch Malerei,
mach Fehler und lerne,
reise in die Ferne,
erlebe allerlei.

Und wenn du weißt wer du bist,
und wenn du ehrlich nichts vermisst,
dann erst ist die kleinste Primzahl
größer als eins,
und die kleinste Primzahl ist?"

"Zwei"

Zeit sich
zu motivieren,
anstatt sich Sorgen
zu machen.
Glück baut
sich auf
im professionellen
Optimismus,
im bewussten
Lachen.

Ich muss lernen
loszulassen,
denn ich weiß
ich bin erst frei,
wenn ich aufhöre
dich zu lieben
und aufhöre
dich zu hassen.

XCI

## LIEBESNACHT

In der mondlosen Nacht
erstrahlen nur vier Augen.

Lass dir von animalischer Rhapsodie
das fehlerhafte Verständnis
für Romantik rauben.

XCII

## UND?

Und sind es doch Feuerstürme,
die sich in meinen Lungen entfalten.

Und ich weiß es bis heute nicht,
wie soll ich mein Herz halten,
damit es nichts berührt,
nicht kollabiert.

Und in meinem stetigen Wandel,
wie soll ich fangen wer ich bin und war?

Und ich weiß um Liebe,
doch vergesse die Neurochemie
in deinen Augen ganz und gar.

Und sagt mir bitte jemand, warum es
manchmal mehr als Freundschaft und
doch weniger als Liebe ist.

Und wäre ich eine Stadt,
wär ich Tokyo oder Paris?

XCIII

## WOLKENBRUCH

An manchen Tagen
freue ich mich schon abends,
morgens die Blumen im Garten
zu gießen
und meinen Gedanken
hinterherzujagen.

Doch dann regnet es am Morgen
und ich ärgere mich
über die Natur,
statt einfach "Danke" zu sagen.

# KgV

Nicht die Opulenz zieht mich an,
mit ihren dunklen Klauen und
finsteren Tiefen,
sondern die Einfachheit,
die Klarheit der Simplizität.

Ich wate durch den Ganges,
durch das Chaos,
es spricht eine Sprache,
die niemand versteht.

Ich ordne Wirbelstürme,
organisiere den sauren Regen.
Denn wenn es niemand versucht,
wird es niemand jemals verstehen.

All die Wahrheiten
in dem Gasgemisch des Lebens,
sind auffindbar
im kleinsten gemeinsamen Nenner.

XCV

# MORITURI TE SALUTANT

Die, die mich regieren,
sind die, die ich nicht
kritisieren darf.

Schwächen, die ich
mir nicht eingestehe,
quälen mich in meinem Schlaf.

Jahre vergangen,
in meinen zerebralen Königslanden,
in welchen fremde Regenten
mein Reich befehligten.

Doch vorbei
mit der stillen Meuterei,
vorbei mit der Zeit,
die tatenlos verstrich,

denn der Imperator
meines Imperiums,
der bin ich!

XCVI

## HAPPY BIRTHDAY

Ich wünsch dir
ein schönes neues Lebensjahr.

Vergiss nicht,
du darfst vergessen was einmal war.

Kannst dich verändern,
jeden Morgen,
und glücklich sein,
statt dich zu sorgen.

Gestern warst du Alice,
verloren im Wunderland,
morgen tanzt du im Paradies,
dein Herz sonnenverbrannt.

Alles kann dir noch passieren,
alles kannst du noch verlieren,
aber eines wirst du immer sein:
Der wundervollste Mensch für mich.

Alles Gute, Sonnenschein!

XCVII

## ANTONYM

Jemand,
der sich anfühlt wie Wärme,
Morgensonne, ein Kaminfeuer.

Wie
Weihnachten und Zimtduft,
Lebkuchenherzen, Lichterketten.

Rote Wangen,
ein Lachen im Gesicht.

Ich sehe dich deutlich,
du siehst mich nicht.

# XCVIII

## CHAOSTHEORIE

Ich kenn dich nicht wirklich,
doch durch die Verkettung
mancher Augenblicke
empfinde ich für dich
potenzielle Liebe.

Ich liebe dich noch nicht,
doch ich weiß das könnte ich.

Und auch du,
das macht die Liebe
so schön tragisch,
bist frei zu lieben,
wen immer du willst,
auch jemand völlig anderen
als mich.

XCIX

## PALINGENESE

Ich glaube nicht an Wiedergeburt,
doch ich glaube an Erinnerung,
den Funken Liebe in der Iris,
das Fotoalbum im Genom.

Und wo ich war,
da blieb ich auch,
ein Teil von mir in jedem Menschen,
jeder Stadt, jeder Morgendämmerung.

C

## ERKENNTNISTHEORIE

Wie schön es ist,
zu existieren,
sich zu interessieren,
realisieren,

dass das Leben
in all seiner Tragik,
all seinem Unglück,
doch wunderschön ist.

Dass es uns möglich ist,
die Sterne zu bestaunen
und all die Faszination
dieses Planeten
bloß erst schön wird
durch die Betrachtung
unserer menschlichen Augen.

CI

## DA CAPO AL FINE

Den Dirigent des Lebens
spielt man vergebens.

Die Melodie gleicht sich nie,
mal tönt sie in silbriger Hysterie,
mal in staccato Apathie.

Der Dirigent des Lebens
führt den Taktstock vergebens.

Der Rhythmus fügt sich nie,
mal erschallt er in orchestraler Fantasie,
mal driftet er ab in symphonische Alchemie.

Ein Dirigent des Lebens
leitet die Chöre vergebens.

Die Sänger einen sich nie,
mal erklingen sie in a cappella Dämonomanie,
mal in passionato Dysphorie.

# Monologe

Du bist ganz allein,
mit deinen Worten, deinen Gedanken.
Niemand ist mehr da,
der dich bedingungslos liebt,
dir hilft, dich unterstützt.
Alles, was dir Halt, dir Sicherheit gab,
ist nur noch eine Erinnerung,
eingebettet ins Familiengrab.

Und die Welt wird plötzlich kalt,
und die Sonne wird nicht mehr warm,
alles steht still für dich.
Du bist jetzt alleine,
doch an das Gelehrte,
daran erinnere dich.

Wenn die Traurigkeit dich hinunterzieht,
dann halt dich fest an Blumendüften,
an fremden Ländern, neuen Erfahrungen,
an wilden Hoffnungen.

Und irgendwann,
da wird die Sonne wieder warm.
Und irgendwann, da fühlen sich Erinnerungen
wie liebliche Sternschnuppen an.

Ich bin Teil
der Natur,
doch sie
ist mir so fremd.
Ich bin ein
Mutant der
Schöpfung,
erzogen als Mensch.

CII

## VERGISSMEINNICHT

Bekannt bin ich in vielen
Gedankenruinen.

Als Ophelia,
ertrunken in ihrer Unsicherheit.

Als Julia,
gestorben an der Liebe Charme.

Als Antigone,
zerbrochen an der Menschenwelt.

Als Lolita,
im naiven Nymphenwahn.

Als Loreley,
seelenverschlingender Traum.

Als Sirona,
vergessen in Zeit und Raum.

Verkannt bin ich in vielen
Gedankenruinen.

CIII

## LEBENSZYKLUS

In den Sternen habe ich gesucht,
Fragen in die Unendlichkeit gerufen.

So viele Bücher habe ich gelesen.

Doch erst,
als ich begann zu gärtnern,
hab ich es verstanden.

Das Leben.

CIV

## TORLAUF

So gab es Weisheit,
bevor es mich gab,
hab ich selbst als Kind
die Welt hinterfragt.

Und manchmal,
da erinnere ich mich,
an Worte,
an einen Satz,
der längst verstarb:

Glückseligkeit kann man
nicht kaufen
und im Leben muss man
manchmal auch im Slalom laufen.

CV

## STERNENSTILLE

Du bist die Stille,
durchdringend,
wunderschön und
furchterregend.

Du bist die Stille,
zwischen Blitz
und Donner bebend.

## CVI

# OPHELIA

Verblichenes Kleid,
blassgrüne Torheit,
die Tragik, die in
Sümpfen verweilt.

Eiserne Kronen
auf toten Häuptern,
unverwechselbar bizarr,
Geigen und Melodica.

Ophelia, Ophelia.

Die Liebe
ist ein Instrument,
des Teufels Violine.

Und er ist kein
Straßengeiger, Lucifer,
doch die Melodie der Fremde.

Manche Lieben haben Anfänge,
doch dieser Anfang hat ein Ende.

CVII

## NACHTGEFLÜSTER

Hat man dich aus
allen Paradiesen vertrieben?
Ins Exil geschickt,
die Gedanken verrückt?

Hat man dir dein Herz gebrochen?
Hast du dich dafür gerächt,
an all jenen, die dich mochten?

Wie weit noch bis zur Zukunft?
Wie selbstmörderisch ist die Vernunft?

Bald erstrahlt der Morgen,
bald erwacht ein neuer Tag.
In Lilatönen wird er anbrechen,
hoffnungsvoll und lautstark.

Doch jetzt ist noch Nacht
und die Geister sind wach,
verhangen im Sirenengesang,
rauben uns den Schlaf.

CVIII

## ARKANUM

Die geheimen Welten
in meinen Mitmenschen
zeigen sich meist nicht.

Vielmehr präsentieren sie
ihre teuren Autos,
ihren Status,
ihr hübsches Gesicht.

All das interessiert
mich nicht.

Verstehen sie nicht
wie verführerisch es ist,
Verborgenes zu entdecken
und mit finsteren Abgründen
Neugierde zu erwecken?

Die geheimen Welten
in meinen Mitmenschen
sind unsichtbar,
doch wunderbar.

CIX

# BLUTSVERWANDT

Denk daran,
wie alles begann,
der Wal im Ozean,
der Schmetterling an der Wand.

Denk daran,
an den Anfang,
der Java-Mensch aus Trinil,
die Oasenkulturen aus Afghanistan.

Denk daran,
wir sind allesamt,
ignorant und verkannt,
doch blutsverwandt.

CX

## MENSCHENVIRUS

Belehre mich eines Besseren,
denn ich suche vergebens
die Göttlichkeit der Menschheit,
den generellen Sinn des Lebens.

Denn die Menschen sind nicht edel,
die meisten sind nicht klug,
verachtet wird die Kunst,
der Wunsch nach einem Gedankenflug.

Hätten wir es nicht besser machen sollen,
statt unsere Fährnis zu verstreuen
wie pathogene Blütenpollen?

War die Natur nicht unser Heiligtum,
und nicht der glanzvolle Luxus
oder der gotische Dom.

Vereinzelt blinkt die Hoffnung
auf zu Hoffendes, das Numinose.

Doch sind wir wohl schlussendlich
nur des Planeten Dermatose.

CXI

# ANTHROPOPHOBIE

An manchen Tagen
blicke ich auf den Boden,
in den Himmel, an die Wand,
doch ich schau die
Menschen um mich herum nicht an.

Sie machen mir Angst,
ihre Augen bedrohen mich,
wie Raubtiere.
Und an manchen Tagen
bin ein Wellensittich.

Ich kann nicht sagen
woher sie kommt,
diese evolutionäre Angst,
dieser verrutschte
Emotionshorizont.

An manchen Tagen
möchte ich eben unsichtbar sein,
auch wenn ichs selbst nicht versteh'.

An manchen Tagen
bin ich ein Werwolf
und an manchen nun mal ein scheues Reh.

## CXII

# SEKUNDÄR

Du bist gebildeter als ich,
ich bin attraktiver als du.

Du bist erfolgreicher als ich,
ich bin kreativer als du.

Du bist erwachsener als ich,
ich bin empathischer als du.


Doch zähl auf der Liebe
all diese Adjektive,
sie wird nur herzlich lachen
über derart sekundäre Sachen.

CXIII

## EGO

Wer bin ich?

Eine Ansammlung von Molekülen,
eine unsterbliche Seele,
eine Brise Philosophie?

Körper, Psyche, Fiktion,
ein reines Gedankenspiel?

Die Fehler meiner Eltern,
ihre bedingungslose Liebe,
ein vererbtes Gefühl?

Wir leben auf derselben Welt,
doch in verschiedenen Welten.

Was mich wirklich ausmacht,
das seh ich selbst nur selten.

Wer bin ich?

Eine Ansammlung von Erfahrungen,
temporär geborgte Haut,
ein Häufchen Sternenstaub?

CXIV

## DOMUS LUGUBRIS

Diese Tränen,
endlich befreit,
schmecken nicht wie meine.

Wer hat sich
vor mir beschäftigt,
frag ich mich,
mit dieser fremden Traurigkeit?

CXV

## TRIEBWERKE

Motoren, Antrieb, Energie.

Herzen geben auf, versagen.

Ich hätte sie
gestohlen,
erzeugt,
gegeben.

Wärst du nur länger geblieben,

bei mir.

Am Leben.

# CXVI

## OXYMORON

"Und fühlst du dich aus so"
hat sie gefragt,
"verloren und betäubt an
jedem verdammten Tag?
Verletzt und enttäuscht
von dieser Welt?",
diese Frage hat sie mir gestellt.

Dann ist sie verschwunden,
gegangen ins Nichts,
denn ich konnte sie nicht bejahen,
verstand die Frage nicht.

Ich sehe Schönheit
und mir gefällt
vieles an dieser
abscheulichen Welt.

Natürlich gibt es Tage,
die verregnet sind,
doch ich liebe den Regen,
denn ich wachse darin.

# STERNENKIND

Und wenn mich jede Enttäuschung
zum Weinen gebracht hätte,
dann weinte ich noch heute
und noch tausend Nächte.

Da lernte ich,
in unseren Weiten
gibt es wohl zwei Arten von Menschen:
Die, die das Schicksal verfluchen
und die, die versuchen
es zu lenken.

"Fühlst du dich aus so verloren",
hat sie gefragt.

"Nein"
hab' ich gesagt,
"ich bin dankbar für jeden
lehrreichen Tag."

CXVII

## SOZIALE SCHMERZEN

Wenn ich lange genug zuhöre
ist jeder Mensch interessant.

Wenn ich lange genug hinsehe
ist jeder Mensch schön.

Doch wer hat schon die Zeit zuzuhören,
die Zeit länger hinzusehen?

Die Oberflächlichkeit
dominiert jeden Tag,
und wir hören uns lieber
selbst sprechen,
bevor wir zuhören,
was der andere sagt.

CXVIII

## TRÄNENMEER

Trockne deine Tränen,
sonst fließen sie
in deine Seele.

Sammeln sich zu Meeren,
in denen Meerjungfrauen hausen,
in den tiefsten Sphären.

Piraten rauben dir Gold
aus dem Herzen,
Seemänner tätowieren
Gallionsfiguren auf deine Schmerzen.

Wisch sie weg,
deine Träne,
sonst fließt sie noch
in deine Seele.

## CXIX

# GHOSTING

Die Katakomben deines Herzens
hab ich erleuchtet durch Wunderkerzen,
um zu sehen, welche Träume
du begraben magst,
ob du auch die Liebe in ihnen beerdigt hast.

In einer Urne find ich sie vor,
feierlich beigesetzt vor dem
eisernen Eingangstor.

Und ich zünde eine Kerze an,
für dich und jedes Herz,
das nicht mehr lieben kann.

CXX

## WANDERTAG

Das Schicksal bittet mich zum Tanz,
nimmt meine Hand,
dreht mich umher.

Noch liebe ich dich,
doch ich tanze ans Meer.

Weit fort in die Ferne,
dort vergesse ich
dein liebliches Gesicht,
dort liebe ich dich nicht mehr.

Nur die Zeit weiß
von wem wir uns
verabschieden.

Aus Lieblingsmenschen
werden Fremde
und
aus Fremden
werden Lieben.

## CXXI

# POLYVALENZ

Jeden Morgen erwache ich
mit neuen Gedanken,
aus neuen Träumen,
versuche neue Steine
aus meinem Weg zu räumen.

Neue Fantasien
entstehen aus neuen Melodien.

Die Welt, sie dreht sich,
ich dreh mich mit ihr,
Veränderung ist meine Routine,
Divergenz ist mein Revier.

CXXII

## MYSTERIENSPIEL

Manchmal denk ich an dich,
in Sommernächten im Mondscheinlicht,
und du wirst es niemals wissen,
wie sehr ich wünschte,
dass wir uns küssten.

Wer denkt wohl aller an mich,
im Mondscheinlicht?
Ich werde es niemals wissen,
wie viele Menschen mich vermissen.

CXXIII

# WANDERKIND

Sie war ein Wanderkind,
Abenteuer in den Augen,
Haare tanzend im Wälderwind.

Schlafend unter dem Sternenzelt,
abgekapselt von der Erdenwelt.

Sie konnte über den Planetenzaun schauen,
direkt in etwas Magisches,
gestohlen aus einem Menschentraum.

CXXIV

# DEUS EX MACHINA

Die Existenz der Menschen
war bloß ein glücklicher Zufall.
Ein Missgeschick des Universums,
ein Error im Weltall.

Drum sorg' dich nicht
um den Sinn des Lebens,
denn eigentlich dürft's uns gar nicht geben.

Freu dich lieber,
dass es dir möglich ist,
zu bewegen, erleben, vergeben.

Und auch, wenn wir bloß
ein Fehler sind, so hält
das Mögliche uns am Leben.

CXXV

## LIBERTIN

Ich wandere durch Erfahrung,
ich lebe in Gedankenflügen,
ich heile mich durch Wissensnahrung,
ich hab dieselbe Religion wie der Baum
da drüben.

## CXXVI

# TEMPUS PETO

All die Sommernächte,
in denen die Dunkelheit
nach Wagemut und Abenteuer riecht.
Wie viele wird es wohl noch geben
in deinem Menschenleben?

Zeit findet man, oder man hat sie nie.

Doch bedenke,
die meisten Abschiede
kommen unerwartet
und viel zu früh.

CXXVII

# NOMADENVOLK

Nomaden nennt man Menschen,
die kein Zuhause haben.
Doch ist ihr Heim nicht in ihnen selbst,
in ihren Herzen, die ganze Welt?

Und wenn ich nicht verwurzelt bin,
warum sollte ich nicht gehen?

Vielleicht gedeihe ich brillanter
unter der Sonne der Toskana,
als in vernebelten Großstädten.

Vielleicht bin ich auch wunderbar
wandelbar wie die adaptive Flora.

CXXVIII

## SYSTEMNEUSTART

Sie sangen Lieder
in den ewigen Wäldern von Tansania.

Sie tanzten Walzer
in den Feuern von Jamaika.

Und ich habe nie freiere Menschen gesehen,
als jene, die nicht in Fußstapfen tapsen,
sondern neue, wilde Wege gehen.

CXXIX

## SPIEGELBILD

Wir sind oft so verstrickt
in andere Menschen,
dass wir vergessen
an uns selbst zu denken.

Verloren,
in anderen Herzen.
Leer, wie ausgebrannte
Friedhofskerzen.

Verlauf dich nicht
in dieser emotionalen Falle.
Jeder geht den Pfad für sich,
doch bewandern wir ihn alle.

Kümmer dich um deinen Körper,
deinen Geist, deine Seele,
in diesem menschlichen Durcheinander,
und erkenne, wir sind keine Zuflucht,
sondern Spiegel füreinander.

CXXX

## KOMPASSABWEICHUNG

Eine kurze Erinnerung,
damit du es auch nicht vergisst:

Geh nicht dorthin,
wo man dich nicht vermisst,
bloß weil du einsam bist.

Geh dorthin,
wo Liebe für dich ist.

CXXXI

## PARENTALGENERATION

Zusammen lernten wir zu leben,
hinzufallen, wieder aufzustehen.

Zusammen lernten wir hinzusehen,
nachzugeben, niemals aufzugeben.

Zusammen lernten wir loszulassen,
widerwillig, Mut zu fassen.

Zusammen lernten wir zu verstehen,

Eltern sind auch bloß Kinder,
die mit ihren Eltern lernten
wie es funktioniert,
das Leben.

# CXXXII

## ADRENALINRAUSCH

Dein Verstand
ist schöner als dein Gesicht.
Unsere Leben treffen sich,
doch sie kollidieren nicht.

Trotzdem suche ich immer
und immer zu sehr
nach deinen wildblauen Augen
im Menschenmeer.

Ich bin der Geist
in einem kurzen Augenblick.
Unsere Leben treffen sich,
doch unsere Herzen begegnen sich nicht.

Ein flüchtiges Hallo ins Nirgendwo,
ein Nanosekunden-Blicktausch.
Ich bin der Geist in deinem Augenblick,
du bist mein Adrenalinrausch.

CXXXIII

## SYSTEMA NATURAE

Die Bourgeoisie,
das Proletariat,
gebildete Wilde,
dennoch ein Univariat.

Die Taxonomie,
sie sagt,
ganz gleich,
ob Bourgeoisie,
oder Proletariat,
denn die Art Mensch
untersteht stets der
Ordnung „Primat".

## CXXXIV

## GROßVATER

Kind, ich habe vieles gesehen
und ich sage dir etwas,
das wirst du erst viel später verstehen.

Dein Denken hat Grenzen,
doch die Fantasie hat ein Visum.

Bedenke, die Eitelkeit ist laut,
Schönheit meistens stumm.
Manchmal sind die Naiven klug
und die Gelehrten ganz schön dumm.

Deine Geduld hat Grenzen,
doch die Liebe schleicht sich drumrum.

CXXXV

## HEUREKA

Die Liebe zu dir
fühlt sich an wie Alchemie.
Träume vermischt mit Posthumanismus,
Endorphine gemixt in Mondmagie.

Und ließen sie Jahrhunderte ihr Glück
dem Glanz der Edelsteine obliegen,
so erkannte ich, als Neo-Alchemist,
ich kann all das Gold mit Liebe aufwiegen.

CXXXVI

## ZEITMASCHINE

Musik und Düfte
erwecken die Vergangenheit,
verlorenes Glück,
längst vergessene Traurigkeit.

Freiheit duftet nach den Wellen der See,
Hoffnung nach frisch gefallenem Schnee.

Liebe riecht nach Tulpen in der Frühlingsluft,
Geborgenheit nach Neugeborenenduft.

Violinentöne klingen nach vergangenen Leben,
Saxophonjazz nach Seelenbeben.

Die menschlichen Sinne
sind unsere private Zeitmaschine.

Unser Körper ist stets im präsenten Geschehen,
doch der Geist zumeist
in die Zukunft oder Erinnerung gereist.

CXXXVII

# KRÄUTERHEXE

Für jedes Leid ist ein Kraut gewachsen
hat meine Mutter oft gesagt.
Pfefferminze hilft dem Atem,
Lavendel singt dich in den Schlaf.

„So blicke, mein liebes Kinde,
auf dem Marsch zur Apotheke,
kurz auf den Wegesrand,
ob sich nicht doch etwas Heilbares fände."

# CXXXVIII

## FREIGEIST

Die Blumen welken in meinem Haar,
mein Weltbild ändert sich in jedem Lebensjahr.

Die Zeiten vergilben in meinen Briefen,
Dämonen erwachten, die früher einst schliefen.

Das Herz dezimiert kontinuierlich sein Beben,
doch bevor ich langsam sterbe,
will ich noch versuchen ein wenig mehr zu leben.

Auf Bäume klettern, auf Wellen reiten,
am Strand campieren, neue Wege beschreiten.

Und wenn ich dann gehe,
und wenn ich dann sterbe,
wird mein Geist in jedem Baum sein,
jedem Meer, jeder Lagune dieser Erde.

CXXXIX

# TRAUERSPIEL

Eine samtig schwarze Traurigkeit
schwebt über der Erde.

Sie umrundet sie
wie wild gewordene Pferde.

Und wenn du grundlos traurig bist
an manchen seltsamen Tagen,

dann weine die Tränen jener,
die sie zu weinen nicht mehr ertragen.

CXL

## MINIMALISMUS

Ich träume von Bergwelten,
einem stillen Ort,
einem kleinen, abgeschiedenen Zuhause.

Denn wahrlich reich bin ich erst dann,
wenn ich bloß mich selbst
und sonst nichts zum Leben brauche.

CXLI

# PROXIMA CENTAURI B

Die Erde existierte
lange vor Homo sapiens,
lange vor dir und mir,
vor dem Egoismus Mensch.

In der Sterne Ferne
verschwindet unser Dasein.
Wir schweben im Universum,
zwischen tausenden Galaxien
und sind dennoch ganz allein.

Wir dachten Erfolg sei wichtig,
Anerkennung und Wohlstand,
doch im Anblick des Nachthimmels
ist dies doch völlig irrelevant.

Und wenn wir diese Erde
nicht schützen und ihr nicht
den nötigen Respekt geben,
wo sollen die humanen Wesen dieses Planeten
dann zukünftig ihren Egoismus ausleben?

CXLII

## MORGENWELT

Kaffeegeruch, Stille, warm und geheim.
Sanft aufsteigender Sonnenschein,
der Morgen ist so voller Versprechen,
wie könnte jemand nicht dankbar sein?

CXLIII

## MULTISYSTEMISCHE THERAPIE

Was habe ich alles versucht,
wie sehr habe ich geflucht,
ständig fechtend,
die zwei Seelen in meiner Brust.

Die Wunderbare, der Poet,
der Bewunderung für das Schöne hegt.

Die Wandelbare, zugetan der Wissenschaft,
die nicht nur in Traumwelten lebt,
sondern tatkräftig anpackt.

Doch dann fiel mir auf,
die meisten erblicken nur,
was sie bereits kennen,
was sie bereits verstehen.

Und dank meiner beiden
gegensätzlichen Seelen,
kann ich ins Unbekannte sehen.

# CXLIV

## RUINEN

Dennoch liebe ich dich.
In all meinen menschlichen Ruinen,
in all meiner strahlenden
Unzulänglichkeit,
verdiene ich dich nicht,
trotzdem liebe ich dich.

Unzählige Wahrheiten bleiben verborgen
in still ausgesprochenen Worten.
Das Ungesagte, es begleitet dich,
verfolgt auch mich.

Die Stille, die ihre Monologe
in unsere Seelen spricht.

Du wagst es nicht, ich sage es nicht.
Dennoch, liebe ich dich.

CXLV

# DIE GEISTER, DIE ICH RIEF

Als ich in deinen Armen schlief,
erwachten sie im Morgentau.

Als ich in deinen Armen schlief,
stiegen sie aus dem Kaninchenbau.

Als ich in deinen Armen schlief,
post-nachtaktiv,
so hübsch naiv,
verwoben sie sich
in mein Schicksalsgemisch.

Die Geister, die ich rief...

CXLVI

## SCHMETTERLINGSEFFEKT

Wie viele Wege bist du nicht gegangen,
obwohl es möglich gewesen wäre?

Wie viele Lieben hätten sich ergeben
aus flüchtigen Affären?

Unsere Entscheidungen,
Empfindungen, Vermeidungen,
manipulieren jeden Tag.

Sie ändern stets, und immerzu,
des chinesischen Schmetterlings
Flügelschlag.

CXLVII

## BIPOLARISIEREND

Der römische Gott Janus,
aus Ambivalenz gesteint sein Thron.

Aphrodite und Medusa,
geflochten zu einer Person.

Das Herz des Hades,
die Gesinnung von Dionysus.

Ein versteckter Segen lässt sich stibitzen
aus dem hellauf obskuren Fluch.

## CXLVIII

# PUNKTUM

Die letzte Seite,
die les' ich auch immer zuerst,
denn ich will wissen
wie es endet
und ob das Ende schmerzt.

Hallt es als schicksalhafter Chor
durch des Lebens Philharmonie?
Ist es dunkler Samt
vernäht in chronische Melancholie?

Ich will es sehen
welche Karten
die Zukunft spielt,
ob Amors Pfeil
danebenzielt.

Die letzte Seite,
die les' ich auch immer zuerst,
denn schlussendlich ist oft das Ende
den Anfang gar nicht wert.

Man sieht oft
etwas hundertmal,
tausendmal,
ehe man es
zum allerersten Male
wirklich sieht.

-CHRISTIAN MORGENSTERN

# ÜBER DIE AUTORIN:

**Instagram**:
@connycernik

Halte durch,
Sternenkind,
du bist nicht allein.
Denn für uns alle
war es wohl das
Schlimmste
auf Erden
ein Mensch zu sein.

Conny Cernik